Azul tras la noche

Teresa Maciá Gosálvez

Primera edición,
21 de marzo de 2025. Día Mundial de la Poesía

© Teresa Maciá Gosálvez

Edición coordinada por:
Opera Prima

C/ Espejo, 10
28013 – Madrid
Tels. 91 559 29 49 / 696 57 01 31
operaprima@operaprima.es
www.operaprima.es

Maqueta: Nacho Donoso Bailón

ISBN: 978-84-10244-51-1
Depósito legal: M-9958-2025

Impreso en España

Azul tras la noche

Teresa Maciá Gosálvez

Primer Premio Opera Prima
DMP (Día Mundial de la Poesía) 2024

Opera Prima

«Por eso ya no dudo que tengo alas
por más que vengan malas rachas.
La luz tiene más de dos caras
las noches se van con el alba».
Contra todo pronóstico, LIA KALI

«A mí, ya desde hará diez años, solo me erotiza la gente
buena. Me fijo en su interior y en que trae una obra
hecha. (...) Porque he visto gente muy maja, tíos muy
majos y señoras muy guapas y luego por dentro eran la
antielegancia y el ascopadre».
GLORIA FUERTES

«No hay mejor marido, que una mujer».
CRISTINA PERI ROSSI

«Escribir es mi manera vestida de desnudo».
ROBERTA MARRERO

dedicado a
toda la gente buena

Presentación

Escribir poesía es un acto de redención. Cada palabra, cada verso, son heridas en la piel, en la mirada, en el pensamiento. Porque vivir es eso: sentirlo todo hasta el dolor, hasta perder el conocimiento. Por eso escribir poemas es imprescindible, para recuperar la sensación de que vale la pena seguir luchando por lo que queremos, por los que amamos, por la libertad, por la verdad, por solidaridad, por la naturaleza.

Este premio lo hemos creado para demostrar que la poesía puede cambiar el mundo, sanarlo desde sus raíces, con el inmenso poder de la palabra.

Hoy más que nunca, necesitamos versos capaces de levantar pueblos, derrotar dictaduras, parar guerras, salvar vidas. Poesía para que los niños sueñen su futuro y lo puedan crear. Para que los ancianos vuelvan a ser niños. Y todos los demás, salgamos de la oscura y tenebrosa caverna en la que estamos atrapados.

Juntos, unidos, con esa certeza de que somos capaces, de que somos más y de que somos invencibles.

Gracias a todos los que habéis participado en este premio y enhorabuena a Teresa que lo has ganado.

Ahora te toca a ti, lector.

Coge un papel y escribe.

Únete a esta revolución poética.

Antonio Pastor Bustamante

I

No importa las veces

No importa las veces
los cientos de veces
que me haya traído
la piedra, la pelota, la cebolla.

Una vez más
el objeto baboseado y caliente
es depositado con cuidado sobre mí.

–Lánzalo
–me dice
desde sus pequeños, feos y brillantes ojos.

Cómo será no recordar
un segundo atrás

un nombre.

Lo llaman

Lo llaman lluvia
yo cabello de agua

trato de escalar sobre ti
pero el deseo es más fuerte
mis manos son pequeñas
para contenerte

lo llaman cielo
yo nuca impecable

destello de sueño blanco
pompa de aire dormilona
¡sujeta mis hallazgos
hazlos eternos!

lo llaman mundo
yo círculo brutal

carcelaria colmena
mansa asalariada sangre
voy avanzando sobre ti
mientras

lo humilde
es lejano
lo humano
fue agredido

entonces

lo llaman lluvia

a mí

La belleza

Noches en las que
necesitamos a un amigo,
necesitamos un sorbo,
una fantasía, una amante.

Noches en las que
necesitamos una autopista,
un abrazo, un buen baile.

Y noches en las que
necesitamos
abundante y sola
la belleza.

La herida

La herida
es tu piel latiendo
como un segundo corazón
en mi piel

quemadura de sal
látigo estrellado.

La herida
es la brecha y el momento
en que mi cuerpo cobró vida
al lado de tu cuerpo.

Digo tu nombre

Como un antiguo diluvio
que se recuerda en la carne
por las calles sin ti.
Digo tu nombre.

El exacto hacer en mí
sin consentimiento,
con la sangre llena,
con la sangre azul
de los cristales.

Sobre las horas
y la ciega noche
la puerta que cerramos
para las dos, y en la puerta
abierta que siempre me dejas.
Digo tu nombre.

Las buenas normas

Estréchala en tus brazos
el día que se abre
igual a ella.

Zambúllete en el mar
como en su doble boca.
Y no la mires cuando
la tarde sea naranja.
El Cabo de amor mata.

Júrate que nunca la amarás.
Hazlo solo cuando nada te importe.
Ponerla a prueba
sólo demostrará lo que ya sabes.

No la desafíes.
Asume
que es de agua.

Azul tras la noche

Ya clarea la ciudad y asoma
tras los cristales pálida la mañana.
Ahora descansas.
«Las fieras también duermen»
digo en voz baja
deslizando la mirada
por tu espalda
y la felicidad es entonces
un centímetro de tu cuerpo.

Me aprieto a ti.
Y en mi abrazo
has descubierto
lo que en la noche escondía…
Sombra siempre sola.
Sabemos que nada puede
evitar lo que se acontece.

La rosa que guardabas
ahora sangra.
No duele.
Solo se repite.

Azul tras la noche.

Cuando nos vemos

Cuando te vas de casa
y me quedo sola
en realidad
ni te has ido
ni estoy sola.

Me siento en la silla
de la que te levantaste,
bebo de tu último sorbo
y lo convierto en beso,
salgo a la calle con la ropa
que te presté y uso tus anzuelos.

Como has dormido en el lado izquierdo
yo me acurruco en el derecho
mi brazo duplica tu forma exacta
y hace una trenza de secretos.

Así pasan los días…
hasta que el resquicio de tus olores
desaparece
entonces te llamo
y la casa de nuevo se enciende
de ecos
¿cuándo nos vemos?

Una sirena en vaqueros

Frente al mar
una tiene la esperanza de ahogarse
de regresar anfibia danzarina y ágil
graciosa contemporánea

una tiene la esperanza de volver
la esperanza de desenamorarse
pero nunca se vuelve del mar

permaneces mojada en la oficina
en la butaca y el espejo
por los andenes de la espera

en la memoria del agua
como una sirena en vaqueros

El verano que la conocí

El verano que la conocí
era un verano cualquiera

dos perlas negras
salitre en los dientes

antes de irse
aseguró su quemadura

late como un segundo pulso
y es noviembre

Los besos

La primera vez que te besé
tenía 16 años, usaba gomina,
tuve que subirme a una piedra
a las afueras para alcanzarte.

La primera vez que te besé
fue la primera vez que me sentí libre,
me di un golpe con la puerta
y tu nombre era al fin femenino.

La primera vez que te besé
tu boca sabía a té exótico
el verde de tu jersey
se volvió mi color favorito.

La primera vez que te besé
yo iba con un novio que era *DJ*
luego te calzaste mis botas,
y nos fuimos al Cabo para despedirnos.

La primera vez que te besé
salías de trabajar, llevabas un libro,
fuimos a un bar y Sen Senra también estaba,
te acerqué a mis labios y nos reímos.

La primera vez que te besé
¡ay, cuántos besos nos debimos!

Rapsodia 4 a. m.

Era la noche clara
era
tranquila
el agua quieta estaba

dormían las ramas
la rama quieta
era
tranquila

un color ciego al fondo
sin pensamiento
pero
creí olvidarte

en mi boca
roca el agua
la rama tranquila
no cesa

el poema escrito
jamás se calla

Verdaderamente Ana

Te llamo como auxilio.
Yo en El Valle,
tú en Barcelona.
Los días me pesan
igual que las costumbres.

Sabes cómo calmarme,
porque estás relajada en la cama
 y yo me siento en ella
imaginariamente,
para decirte…

Lo que me pesa la luna,
y el trabajo.
La incertidumbre es una losa brutal
que hago añicos contigo
al otro lado del teléfono.

Como no sé despedirme de ti,
te pido tres palabras
para jugar a ser poeta esta noche

y tú
contestas

desganada;
Humo.
Fuego.
Agua.

Y sin saber cómo
acabas de describirnos.

Odio que seas
tan específica a veces,
y que estés tan lejos
siempre.

Breve relato de la noche del gato

A Pablo

La puerta estaba cerrada pero maulló.
Entró como si todo
en esta casa le perteneciera,
quizás sea cierto,
quizás sea lo más cierto de esta noche.

Come con un hambre envidiable,
relame el plato y se exhibe.
Para que no se vaya
me he vuelto sigilosa.
Ahora la intrusa soy yo.

He regresado a esos días
de horarios interrumpidos por dopaje,
taxis, prospectos de dopamina.
El colchón en el salón, llamadas,
Dream a Little Dream of Me
sonando en *loop*
un tubo por tu nariz
yo de nuevo dejando mi trabajo.

Y sin saber cómo
estoy en la sala de espera

y en la mesa de operaciones
del Paseo Reina Cristina,
ciudad de Madrid.
Me he ido muy lejos,
he vendado la casa, alquilado la cama,
blindado la música
y prohibido tu nombre.
Pero una gata enferma
ha entrado en mi trinchera
la hemos reinventado con caricias tú y yo.

Una casa grande

una casa grande
un país sin ventanas
ni refugio, ni cama
solo miles de bocas
agarrándose a una rama
diminuta
sola
flaquita

una casa grande
donde vivo
me asfixio,
me anhelo
me aclimato a
un país sin ventanas
sin refugio, ni cama
solo una rama
diminuta
sola
flaquita

solo una casa grande
solo sola
sin ventanas
ni país

II

❀

El padre

«Ya sé que el tiempo pasa.
Ya sé que el día se acerca.
No importa, mírame como antes,
Madre».

PACO MACIÁ

I

sobre mis hombros
una imagen tuya
y un viento fuerte

siento tu pasado de carga
sobre la mesa y el alquiler
de este apartamento

el cielo es ciego
y puede hacer añicos
todo cuanto llevo en la boca

se repite una y otra vez
una y otra vez
ya no puede hacerme daño
ahora la muerte nos separa

II

bajo las sábanas parecías un niño
escondías tras la piel muy fina
la sangre que circulaba con desgana

no pudimos mirarnos a los ojos
solo arrojaste un vistazo a la ventana
en el que pude ver la súplica

nada quedaba del hombre que fuiste
en los pliegues de la carne
al cáncer y el alcohol se lo entregaste todo

III

ya no recuerdo los porqués
y tuve una lista numerada de razones
«17 razones para abandonar a un padre»

esa lista a día de hoy tiene 17 borrones
pero tampoco recuerdo quién fui antes

la muerte se lleva todo
el cuerpo, las llamadas a cobro revertido
las preguntas de los otros,
incluso las razones

IV

pasados ya los días exactos
según mamá y el budismo
ahora serás una materia distinta

he venido al monte porque
en él recuerdo los mejores momentos
de nuestra vida juntos

es difícil aceptar que ya
no podrías hacerme daño
aunque ahora seas un árbol
que pueda derrumbarse sobre mí

y acabe muerta como tú
por un error de cálculo

Índice

Azul tras la noche se terminó de imprimir el Día
Mundial de la Poesía en Madrid en el año 2025

Opera Prima
www.operaprima.es